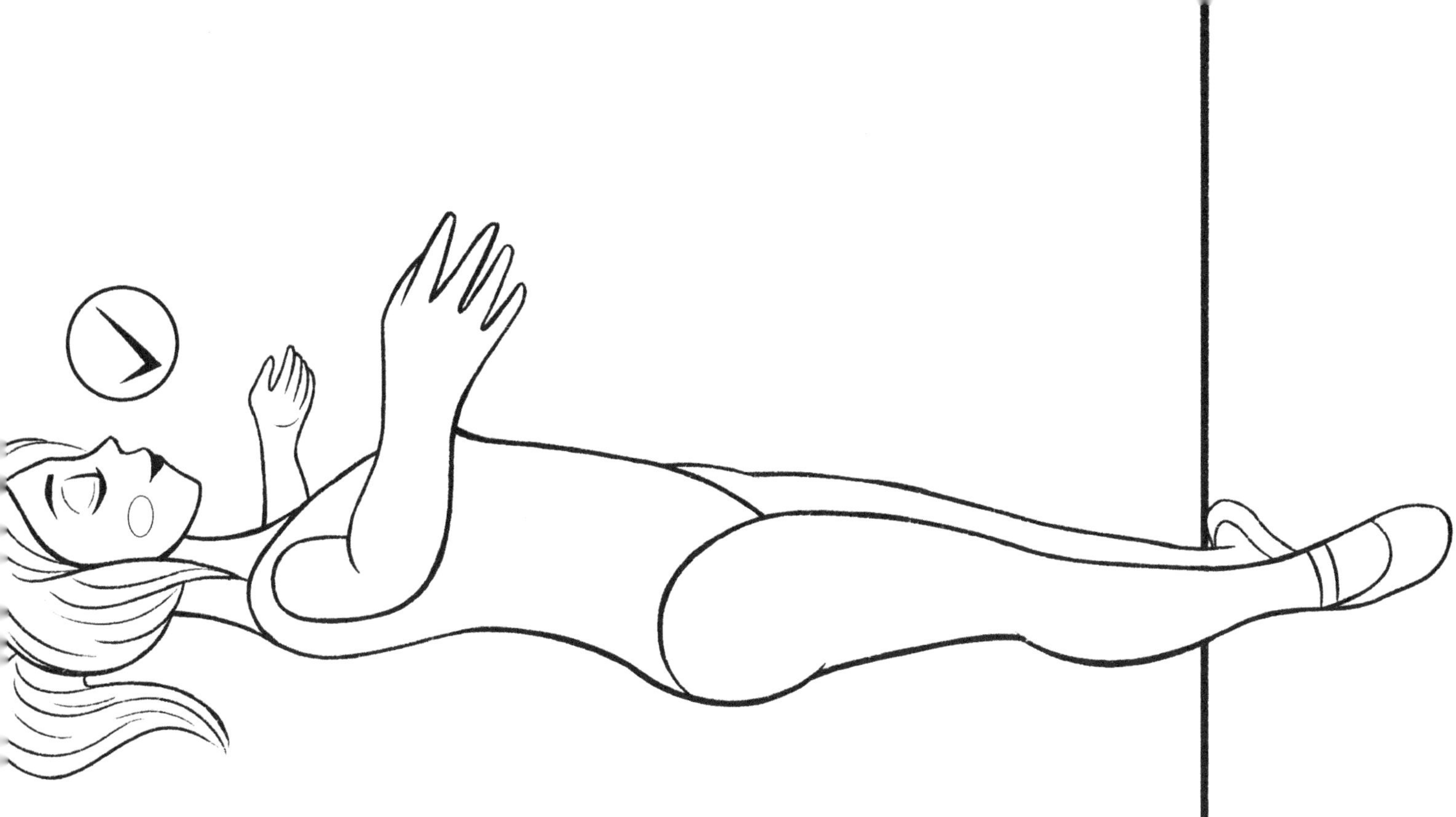

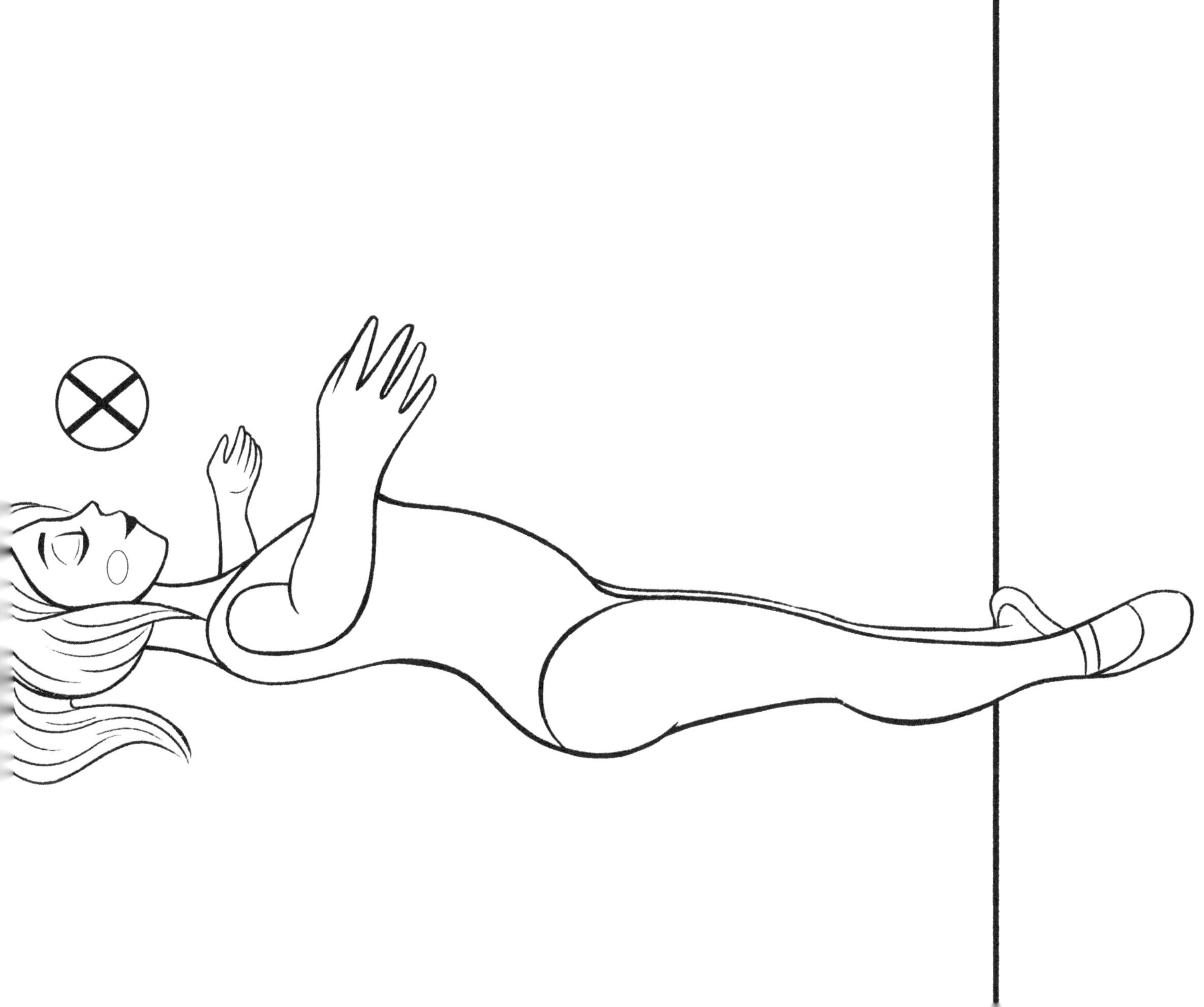

1

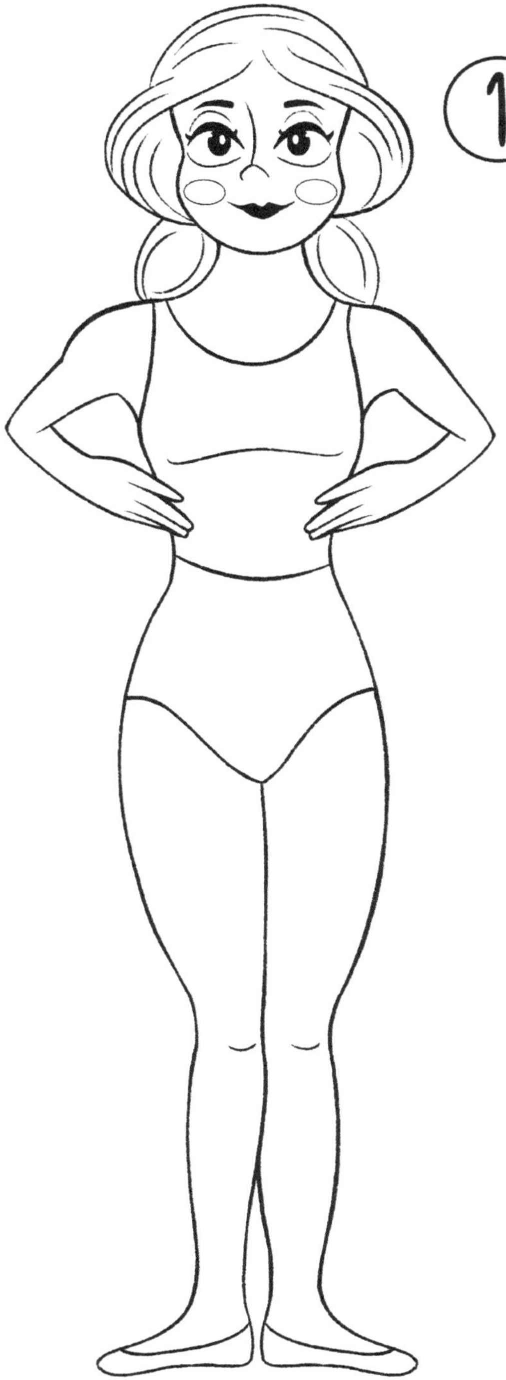

2

3

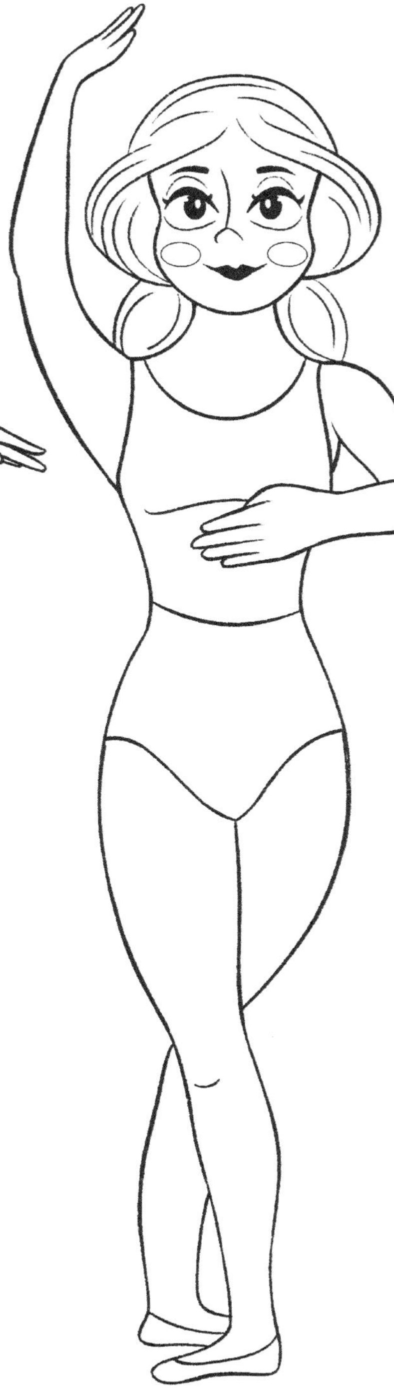
4

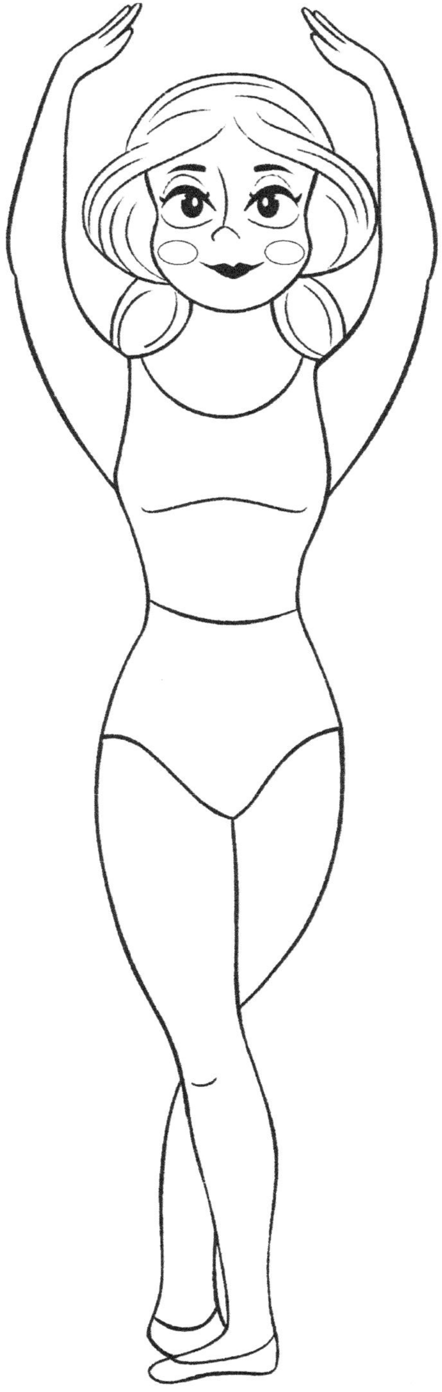
5

1
2
3

4

5

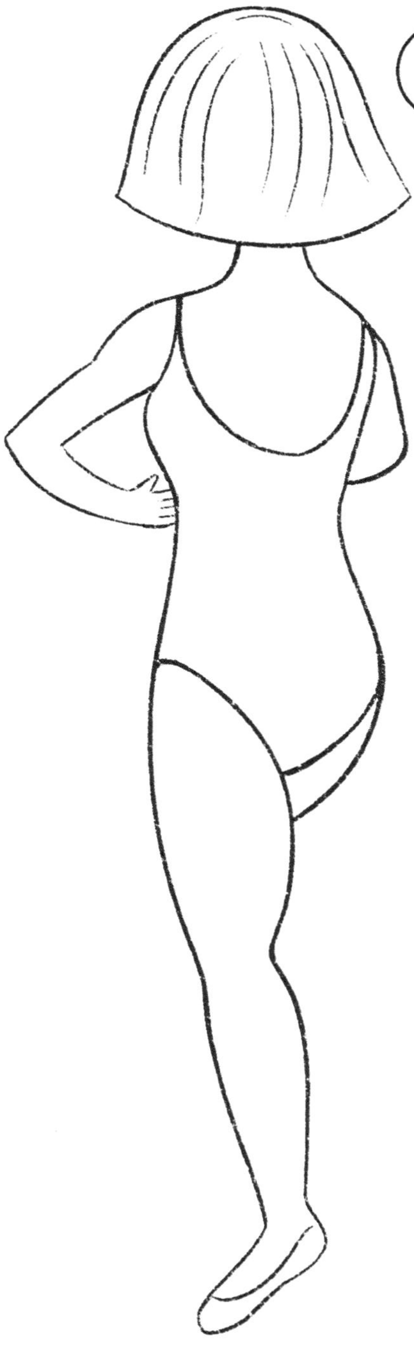

6

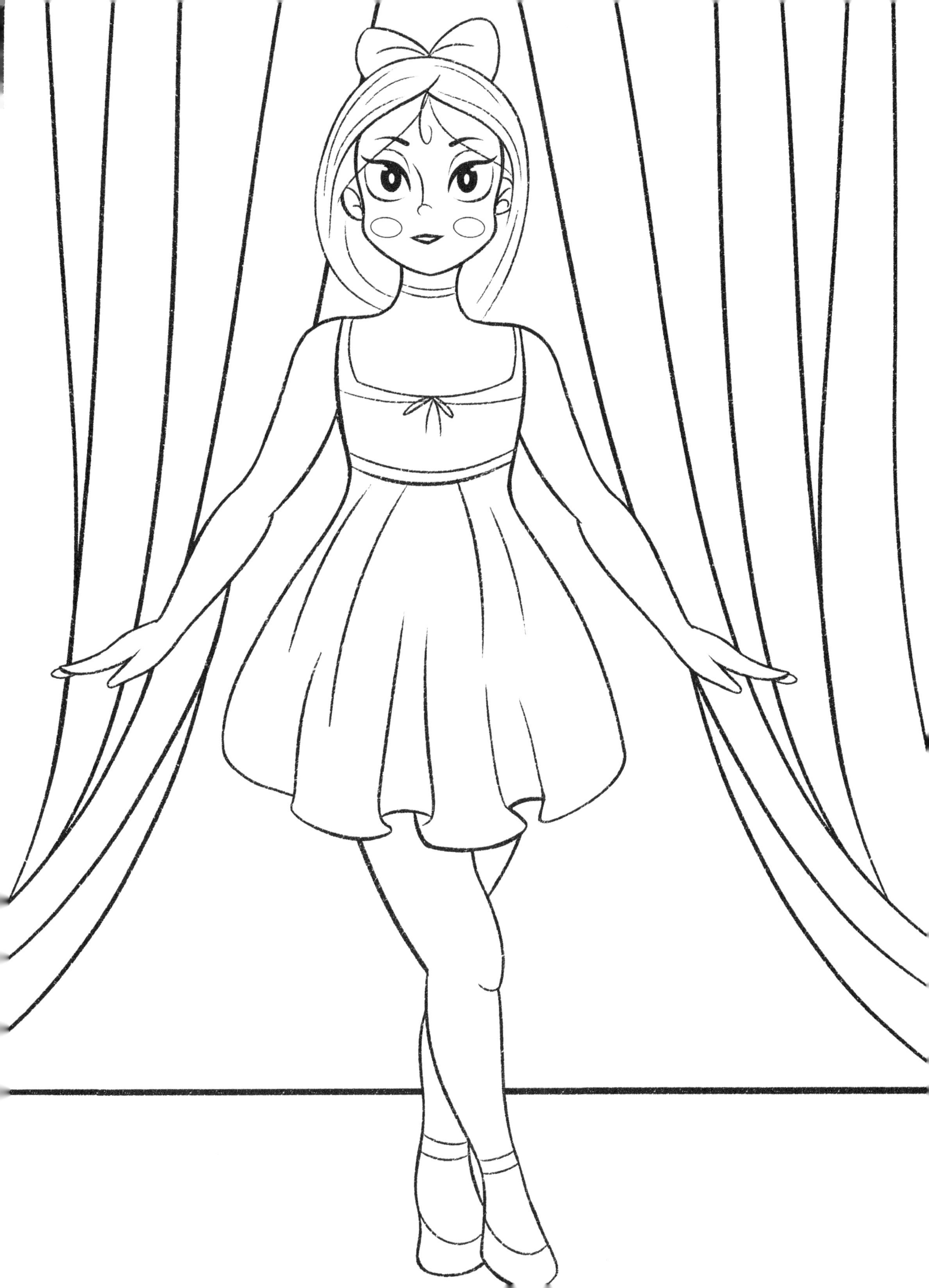

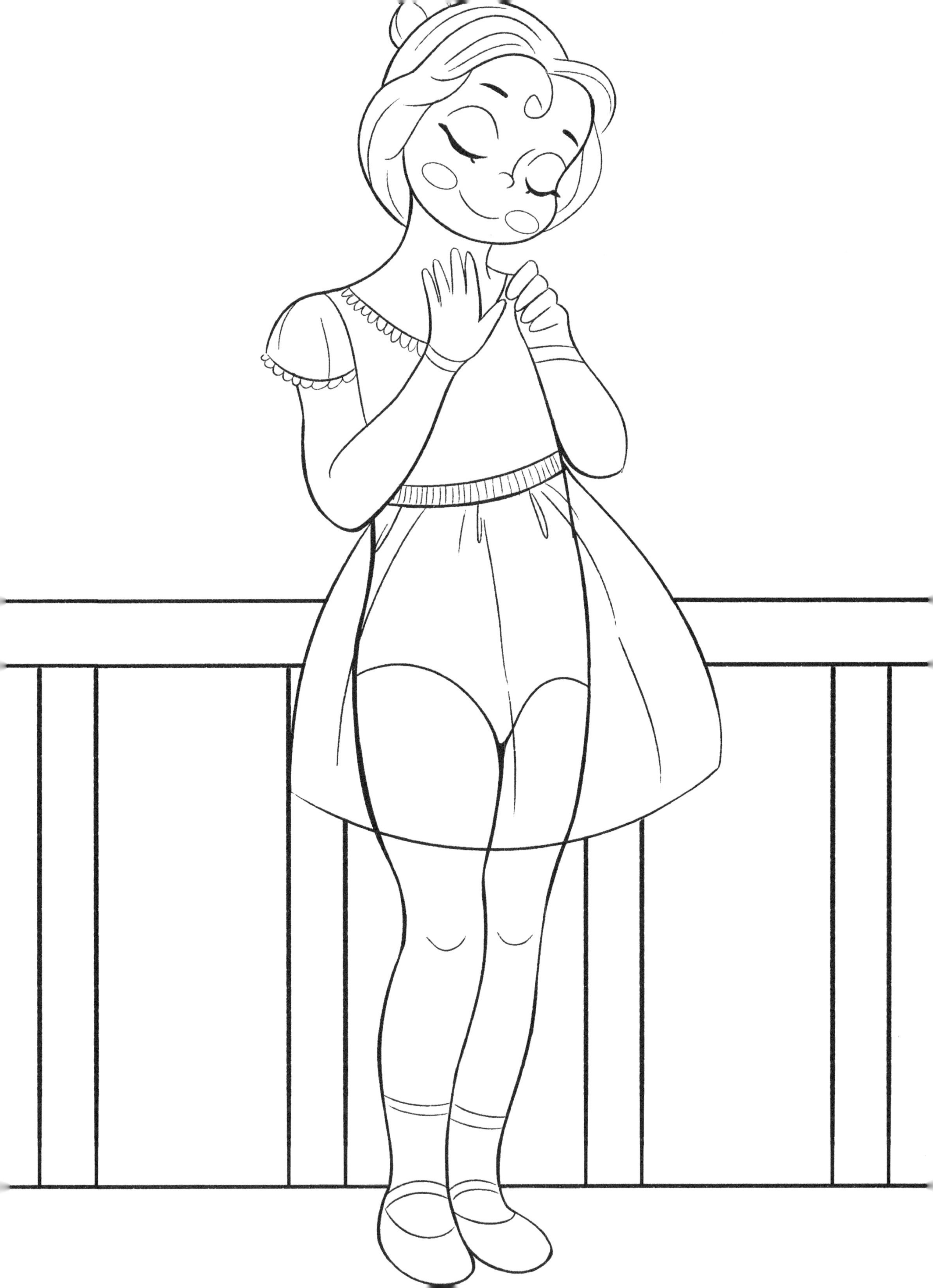

Made in the USA
Monee, IL
25 March 2022

93524686R00057